Sicher ist sicher. Bei aller Sorgfalt, die wir in der Recherche haben walten lassen, können sich Öffnungszeiten auch einmal kurzfristig ändern, oder ein Lokal ist gerade an Ihrem perfekten Sylt-Wochenende ausgebucht oder geschlossen. Darum empfehlen wir, grundsätzlich möglichst weit im Voraus zu reservieren. Ein kurzer Anruf genügt, und Sie können sicher sein, zur vereinbarten Zeit einen Platz zu finden.

für die Süddeutsche Zeitung Edition
in Kooperation mit smart-travelling print UG, Berlin
Reihe „Ein perfektes Wochenende ...“

Idee und Redaktion: Nancy Bachmann, Nicola Bramigk
Projektleitung: Sabine Sternagel
Texte: Sabine Danek; Fotos: Nicola Bramigk; Sylter Eismanufaktur (S. 45)
Gestaltung und Illustration: Tanja Riccius, Rahel Streiff
Covergestaltung: Stefan Dimitrov, Lena Mahr
Realisation: Sibylle Schug
Herstellung: Thekla Licht, Hermann Weixler
Druck und Bindung: optimal media GmbH, Röbel/Müritz
Printed in Germany
ISBN: 978-3-86497-156-3

4. Auflage, 2020

SMART TRAVELLING

EIN PERFEKTES WOCHENENDE ...
SYLT

☞ www.smart-travelling.net

LIEBLINGSADRESSEN AUF SYLT

Hotel: Long Island House
Eidumweg 13, 25980 Westerland
Tel: +49 4651 9959550
Seite 9

Hotel: Walter's Hof
Kurhausstraße 23, 25999 Kampen
Tel: +49 4651 98960
Seite 17

Hotel: Strand
Hafenstraße 41, 25992 List
Tel: +49 4651 889750
Seite 25

Restaurant: Alte Friesenstube
Gaadt 4, 25980 Westerland
Tel: +49 4651 1228
Seite 31

Restaurant: Vogelkoje
Lister Straße 100, 25999 Kampen
Tel: +49 4651 95250
Seite 41

Restaurant: Sansibar
Hörnumer Straße 80, 25980 Rantum
Tel: +49 4651 964646
Seite 47

☞ Weitere Adressen finden Sie unter www.smart-travelling.net

Restaurant: Wonnemeyer Weststrandhalle
Ellenbogen 3, 25992 List
Tel: +49 4651 870266
Seite 57

Restaurant/Café: L.A. Lister Austernperle
Mannemorsumtal 33c, 25992 List
Tel: +49 4651 2999396
Seite 63

Bar: Buhne 16
Listlandstraße 133b, 25999 Kampen
Tel: +49 4651 4996
Seite 69

Bar: Gogärtchen
Strönwai 12, 25999 Kampen
Tel: +49 4651 41242
Seite 77

Shop: Johannes King Genuss-Shop
Gurtstig 2, 25980 Keitum
Tel: +49 4651 9677790
Seite 83

Gut zu wissen
Tipps, Ausflüge, Spaziergänge
Seite 89

STRANDKORBVERMIETUNG
Moin
Kuscheldecke 49,-€
Strandtuch 59,-€
Wir wünschen einen schönen Tag!

NORDISCHE SCHÖNHEIT

„Moin, moin“, heißt es auf Sylt – und zwar den ganzen Tag. Auf der größten der deutschen Nordseeinseln, einer schlanken, lang gestreckten Schönheit, trifft friesische Hemdsärmeligkeit auf hanseatisches Großbürgertum und auch auf reichlich Schickimicki. Dennoch wird sich konsequent geduzt. Jeder mit jedem, ob man nun auf den Holzbänken des legendären Sansibar oder im Sand der Buhne 16 aneinanderrückt.

Barbour-Jacke scheint fast Pflicht in den Reichen-Hochburgen Kampen und Keitum, dazu sitzt die Hautevolee an hohen Tischen, trinkt Champagner und schlürft die ausgezeichneten Sylter Austern dazu. Aber es geht auch anders. Ganz anders. Denn Sylt ist ein Naturerlebnis mit seiner berühmten stürmischen Brandung, in der die Wellen sich weit Richtung Horizont kräuseln, seinen kilometerlangen und breiten Sandstränden, dem Roten Kliff, das beim Sonnenuntergang wie kein anderes leuchtet, den Wanderdünen und dem Ellenbogen, einem beeindruckenden Naturschutzgebiet hoch oben am nördlichsten Landzipfel Deutschlands.

Von vielen Stellen aus, der Heidelandschaft und den Dünen, kann man auf Nordsee und Wattenmeer gleichzeitig blicken, und es gibt Strandabschnitte, an denen einen trotz der Touristenscharen nichts als Einsamkeit umgibt.

Marlene Dietrich ist einst hier in die Wellen gesprungen, Gunter Sachs hat wilde Strandpartys gefeiert, und heute ist Sylt auch Surf-Hotspot, Familieninsel mit Spielplätzen an vielen Restaurants und vor allem ein Flecken Natur, an dem die Seele in herrlicher Weite baumeln kann.

LONG ISLAND HOUSE

Eine „lange Insel", ein Long Island ist Sylt ja auf jeden Fall. Vor allem aber ist sie für Hamburger das, was Long Island für die New Yorker ist, sagen die „House"-Besitzer Martina Blum und Lars Poppe – ein Getaway fürs Wochenende oder auch mal länger, mit demselben hellen, feinen Sand, der Brandung und in denselben Farben, wie sie auch an der amerikanischen Ostküste leuchten. So ist der Name für ihr kleines lauschiges Hotel entstanden, in dem sie mit diesen Themen spielen.

Ganz im amerikanischen Landhausstil sind die zehn Zimmer eingerichtet, mit weißen Rattansesseln, hellen Blau-, Grün- und Sandtönen, Segelschiffsmodellen und sogar einem hölzernen Moby Dick – und selbst in den beiden kleinen Einzelzimmern fühlt man sich alles andere als eingeengt. Besonders schön ist das kleine Doppelzimmer im Parterre, in dem das Bett, von Fenstern umgeben, in einer meeresblaugetäfelten Nische steht.

In der Lobby prasselt ein moderner Kamin, dort kann man sitzen und in Coffeetablebooks über Cape Cod, die Hamptons oder die legendären Beach Cottages der Ostküste blättern, oder man lässt sich im Garten nieder, in dem man auch frühstücken – und sich sonnen kann. Allerdings ist ebenso der Strand ganz in der Nähe, aus der Haustür heraus, ein paar Minuten eine Straße entlang, den Dünenweg hoch, und schon steht man an der Nordsee.

Long Island House Adresse: Eidumweg 13, 25980 Westerland
Tel: +49 4651 9959550 Internet: www.sylthotel.de
Preise: DZ ab 136 Euro inkl. Frühstück

☞ Watthof

Größte Ruhe umgibt dieses Rantumer Hotel, und dazu kann man seinen Blick ganz entspannt über das Watt streifen lassen. Nahezu alle 33 Zimmer des reetgedeckten Hofes gehen auf das Wasser hinaus, und bei guter Sicht kann man bis nach Föhr und Amrum schauen. Trotz der Ruhe ist man hier nicht abgeschottet. Neben dem hauseigenen Restaurant Schaper's liegen weitere ganz in der Nähe, und Strand und Meer sind leicht durch einen kurzen Weg durch die Dünen zu erreichen. In dem Traditionshaus, eingerichtet mit Streifenstoffen und Rattanmöbeln, geht es etwas konservativ-bedächtig zu, und auch das ist etwas, das von den vielen Stammgästen geschätzt wird.

Adresse: Raanwai 42, 25980 Rantum
Tel: +49 4651 8020, Internet: www.watthof.com
Preise: DZ ab 184 Euro inkl. Frühstück

HOTEL WALTER'S HOF

Der Blick ist einmalig. Er geht aus vielen der Zimmer, dem Restaurant und dem Frühstücksraum Richtung Norden über die Heidelandschaft hinaus, und dazu schaut man gleichzeitig auf die Nordsee und das Wattenmeer. Doch auch innen gibt es viel zu sehen. Mit moderner Kunst, Skulpturen und sicherer Hand eingerichtet, ist es zwischen antiken Seekoffern, Leopardenprints, goldenen Sitzsäcken, Buddhaköpfen, kunstvollen Holzschalen und vielen anderen Details sehr behaglich. Keines der Zimmer und Suiten sieht gleich aus, alle sind sie sehr groß, und auf Individualität wird auch sonst geachtet.

Das Frühstücksbuffet, das ebenso Nicht-Hotelgästen offensteht, ist abwechslungsreich samt Datteln und Wabenhonig und allem anderen, was man morgens gerne isst, auf Wunsch gibt es Bioprodukte. Die hohen Tische sind mit Blick aufs Meer ausgerichtet, und bei gutem Wetter kann man sich nach draußen setzen. Genauso kann man sich aber auch vorstellen, wie man es sich an stürmischen Tagen mit seiner Tasse Tee in der Hand gemütlich macht und die Landschaft genießt.

Zum Hotel gehört das Restaurant Tappe's, auf dessen täglich wechselnder Strandkarte Biosalate, Scampi und Scholle auf Sauerkrautpüree stehen – und andere ausgesuchte Fisch- und Fleischgerichte, und wird es später, kann man in die kleine Cocktailbar umziehen oder in die vielen anderen, die ganz in der Nähe liegen.

Hotel Walter's Hof Adresse: Kurhausstraße 23, 25999 Kampen
Tel: +49 4651 98960 Internet: www.walters-hof.de
Preise: DZ ab 140 Euro, Frühstück p.P. 19,50 Euro

AMARANTH
Basis-Müsli
ALNATURA
Basis Müsli
Orange
Heidelbeere
Erdnuss Creme
Schoko-Nuss
nutell
AHORN SIRUP

HOTEL PARIS

A MEAL
WITHOUT
WINE
Kitchen Rules

☞ Haus Noge

Das Haus Noge ist ein Unikat! Die kleine Frühstückspension hat es in sich – vor allem im Hinblick auf das Interieur. Genauer gesagt steckt das Haus Noge voller Geschichten, Traditionen und Zuhause-Gefühl. So wohnt man hier nicht einfach in Nr. 10 oder Nr. 12, sondern jedes Zimmer steht unter einem Motto – von Kapitänszimmer bis Friesenzimmer. Doch auch außerhalb der Zimmer ist die Liebe für außergewöhnliche Accessoires nicht zu übersehen. Zugegeben, man muss den Mix aus Antiquitäten, gepaart mit Kitsch und Kunst, mögen. Wo sich jedoch alle einig sein werden, ist beim Frühstücksbuffet, denn das lässt keine Wünsche offen. Ein weiterer Pluspunkt ist die Lage – in nur wenigen Schritten ist man am Meer sowie im Trubel von Westerland.

Adresse: Dr.-Ross-Straße 31, 25980 Westerland
Tel: +49 4651 1795, Internet: haus-noge.de, DZ ab 127 Euro

Haus Roge

STRAND

HOTEL STRAND

Am Königshafen von List, hoch im Norden der Insel und abseits von Reetdachromantik, wohnt man in diesem modernen holzverkleideten Hotel mit seinen halbrunden Dächern, das geradezu in der Landschaft aufgeht. Das Holz nimmt den Farbton des Wattenmeers auf, auf das die gesamte Architektur ausgerichtet ist. Die Zimmer haben Panoramafenster und viele von ihnen eigene Terrassen zum Meer, das mit seinem Strand direkt vor der Tür liegt – samt hauseigenem Bootssteg. Sand- und Kieseltöne bestimmen die Zimmer, helle Holzböden und viel Weiß. Ausgestattet wurden sie von der Sylter Innenarchitektin Ines Müller. In manchen Apartments kann man kochen, ansonsten frühstückt man am Büffet, bei schönem Wetter auch im Strandkorb auf der Terrasse. Und dazu kann man sich vielfältig betätigen. Es werden Surfbretter, Wellenreiter, Kajaks, und Hobie Cats verliehen, mit denen man zum Beispiel eine Tour zu den Seehundbänken unternehmen kann, man kann Unterricht nehmen, Stand Up Paddling machen, morgens gibt es Yoga am Strand vor dem Hotel, man kann in der Sauna und im kleinen Schwimmbad relaxen – oder erwandert den Sylter Ellenbogen, eine der schönsten Landschaften der Insel.

Hotel Strand Adresse: Hafenstraße 41, 25992 List
Tel: +49 4651 889750 Internet: www.hotel-strand-sylt.de
Preise: DZ ab 160 Euro inkl. Frühstück

SLAM
SLAM
SLAM

Alte
Friesenstube

ALTE FRIESENSTUBE

Im ältesten Friesenhaus der Insel werden abends die Kerzen angezündet, sind die Wände mit originalen Fliesen gekachelt, die Kellnerinnen tragen friesische Trachten – und doch gibt es keine Spur von Nostalgie. Stattdessen verbreiten Nicolaus und Kristin Schacht eine junge und lockere Atmosphäre. Auch sonst lassen sie frischen Wind durch altbewährte Traditionen wehen und das mit solch authentischem Charme, der auf der Insel gar nicht so einfach zu finden ist. Auf der Karte, die auf Plattdütsch geschrieben ist – und es jederzeit gerne Hilfe bei der Übersetzung gibt – treffen Klassiker wie *Nordfreesische Pannfisch* oder *Filet vun freelopen Schaap* auf Steinbeißer mit kanadischem Hummer und Wasabi-Soja-Sud. Und der Pannfisch – einst ein Resteessen aus verschiedenen Fischen –, der in der Pfanne zubereitetet wird, ist perfekt. Es ist köstlich und leicht, die Senfsauce hat genau die richtige Intensität, und die Kartoffeln sind fein geschmort. In der Friesenstube sind die Schachts vor Ort, kümmern sich ganz nonchalant, und so empfiehlt der Hausherr: „Ich würde keine Scholle essen. Sie ist gut, aber ein Steinbeißer hat mehr Charakter.“ Und das beweist dann auch gleich seine Kombination mit herrlich frischem Hummer. Zum klassischen Abschluss gibt es Fliederbeersüppchen, warm oder kalt, serviert mit einem Lätzchen. Denn falls man kleckert, gehen die Flecken nur schwer wieder raus. Ist das Wetter gut, kann man unter alten Bäumen auch im Garten sitzen.

Alte Friesenstube Adresse: Gaadt 4, 25980 Westerland
Tel: +49 4651 1228 Internet: www.altefriesenstube.de
Öffnungszeiten: Täglich ab 17.30 Uhr, Montag geschlossen

Alte
Friesenstube

Interview mit Nicolaus Schacht

Besitzer der Alten Friesenstube

Die Alte Friesenstube wirkt so wunderbar traditionell. War sie schon immer in Familienbesitz?

Ganz und gar nicht. Ende der 70er-Jahre sollte das Haus abgerissen werden. Unglaublich, denn es ist von 1648 und das älteste der Insel. Geplant war, dass hier Apartmenthäuser entstehen. Meine Mutter ist beim Spazierengehen zufällig an dem Haus vorbeigekommen und hat es entdeckt. Es war völlig heruntergekommen, aber mein Vater hat es gekauft und unter Denkmalschutz stellen lassen.

Was hat Ihre Eltern so daran fasziniert?

Sie haben sich schon immer für friesische Kultur interessiert. Mein Vater hatte eine Leidenschaft für friesische Antiquitäten, speziell für Fliesen, die er gesammelt hat, seit er 20 war. Darunter waren viele Raritäten wie die ersten bunten Fliesen, die jetzt hier gekachelt sind. Damals hat er sie für wenig Geld erstanden, heute sind sie kleine Kostbarkeiten.

Und dann haben Ihre Eltern beschlossen, hier ein Restaurant zu eröffnen?

Ich habe das übernommen. Wir haben das Haus komplett entkernt und mit altem Material restauriert. Eigentlich war ich damals gerade auf dem Weg zur Hotelier-Ausbildung an der Cornell-Universität in New York. Doch es kam anders, und so war ich bis heute noch immer nicht in New York. Seit 1978, seit 35 Jahren mache ich das jetzt. Unfassbar eigentlich.

Was ist Ihnen wichtig in Sachen Küche?

Die Kombination aus Klassikern und dem Tagesangebot, das auf der Tafel steht. Das sind exotischere Sachen wie heute zum Beispiel Steinbutt mit kanadischem Hummer in Wasabi-Soja-Sud. Daran können sich die Köche austoben.

Nordfreesische Pannfisch

Für 4 Personen

1 kg festkochende Kartoffeln
1 EL Kümmel
Salz
200 g Lachsfilet
300 g Rotbarschfilet
300 g Seelachsfilet
etwas Zitronensaft
1 l Fisch- oder Gemüsefond
400 ml Sahne
8 cl Weißwein
60 g Mondamin
4 EL Senf
Öl
2 Zwiebeln
200 g geräucherter, durchwachsener Speck
2 EL Butter

Vorbereitung
Die gewaschenen Kartoffeln mit Kümmel und Salz gar kochen. Fischfilets waschen und trocken tupfen. Mit Zitronensaft säuern, anschließend salzen. Fisch- oder Gemüsefond mit Sahne und 4 cl Weißwein aufkochen. Mondamin mit 4 cl Weißwein verrühren und mit dem Fischfond aufkochen. Den Senf dazugeben, nachschmecken.

Zubereitung
Pellkartoffeln pellen, in Scheiben schneiden und im heißen Öl anbraten. Zwiebeln und Speck dazugeben. Die Fischfilets in einer separaten Pfanne in Öl braten. Die Senfsauce bei milder Temperatur erhitzen. Bratkartoffen in Butter nachbraten und auf vier Tellern anrichten. Fischfilets auf die Bratkartoffeln geben und mit der Senfsauce servieren.

VOGELKOJE
KAMPEN SYLT

VOGELKOJE

An einem Wäldchen liegt die Vogelkoje, direkt am Eingang zur historischen Kampener Entenfangstation, die heute Naturschutzgebiet und Museum ist. Das reetgedeckte Haus hat einen großen Garten, in dem man unter alten Bäumen sitzt – und besonders schön ist es auch innen in der großen Stube mit blanken Tischen, einem Hauch von modernem Holzbarock, mit Landhaus-Charme und Blicken in schönstes Grün. Reservieren Sie einen Tisch direkt an der Fensterseite, die zum Wäldchen hinausgeht, das ist ein wirklich idyllischer Platz. Natürlich steht Ente auf der Karte. Zur halben Vogelkojenente „klassisch", die wunderbar saftig und außen kross ist, gibt es Kirschrotkohl und einen Knödel aus rohen Kartoffeln mit toller Semmelkruste.
Eine feine, witzige Gourmetküche möchte er bieten, sagt Gerhard Diehm, der vor 20 Jahren aus Franken zum Surfen nach Sylt kam, einen Sommer bleiben wollte und bis heute dort ist. Und so gibt es zum Wildlachs auf lauwarmem Spargelsalat Ravioli, herrlich frisch mit Erbsen gefüllt. Gekocht wird saisonal und mit vielen heimischen Produkten. Während der Hauptreisezeiten kann man in der Vogelkoje auch frühstücken, nachmittags gibt es Kuchen, und regelmäßig wird der Grill angeworfen. Und während die Kinder auf dem Spielplatz toben, kann man es sich in den Strandkörben gemütlich machen.

Vogelkoje Adresse: Lister Straße 100, 25999 Kampen
Tel: +49 4651 95250 Internet: www.vogelkoje.de
Öffnungszeiten: Täglich 9.30 – 22.00 Uhr (Küche)

☞ Sylter Eismanufaktur

Die vielfach ausgezeichnete Eismanufaktur arbeitet exklusiv mit der Milch vom einzigen Milchbauern auf der Insel und verwendet ausschließlich sortenreine Zutaten. Das Eis ist garantiert selbst gemacht und größtenteils aus biozertifizierten Produkten hergestellt. Alle Eissorten sind ohne Gluten hergestellt und einige sogar lactosefrei. Der Inhaber Detlef Fügeisen achtet außerdem bei seinem Kaffeeangebot auf den Fairtrade-Gedanken.
In dem liebevoll eingerichteten Gastraum lassen sich wunderbar die hausgemachten Eis- und Kaffespezialitäten genießen, natürlich kann man sich aber auch mit dem Eis in der Hand bei einem Spaziergang an der Sylter Natur erfreuen. Probieren Sie unbedingt die hauseigene Kreation „Quark Salzkaramell“ mit Sylter Meersalz!

Adresse: Dünenstraße 3, 25992 List, Tel: +49 04651 83 56 810
Internet: www.sylter-eismanufaktur.de
Öffnungszeiten: 1. März – 31. Oktober täglich 11.00 – 19.00 Uhr

Sylter Eismanufaktur
Remember STRESSED spelled backwards is DESSERTS!

Sylter Eismanufaktur

Sylter Eismanufaktur

SANSIBAR
SYLT

SANSIBAR

Okay, okay, auf den ersten Blick muss man sich erst mal schon daran gewöhnen, dass bei diesem Sylt-Klassiker alles gebrandet ist. Die Strandkörbe tragen über dem Schwerter-Logo der Institution die Werbung eines Optikers, es wehen Fahnen eines deutschen Autobauers über der Szenerie, und auch die Decken, in die man sich an windigen Tagen einhüllt, tragen dessen Emblem. Aber dennoch ist das Sansibar einer der entspanntesten Orte der Insel – direkt in den Dünen am Meer, mit großer Terrasse und obligatorischem Spielplatz gleich neben dem Geschehen. Unkompliziert und lässig geht es hier zu. Es liegen Kissen bereit, mit denen man sich auf die breiten Stufen setzen kann, und es ist immer gehörig was los. Hier trifft die Schickeria auf Familien und Jungvolk, man rückt zusammen und kommt ganz unkompliziert ins Gespräch. Schlicht aus Holz ist alles gehalten, und will man den unverstellten Blick aufs Meer, kann man mit seinem Drink ein paar Schritte zum Kiosk samt Bänken hinuntergehen.
Die Atmosphäre bestimmt zudem das große Team umwerfend freundlicher und lockerer Bedienungen, ein Blick genügt, und schon steht auch im größten Trubel der zweite Cabernet aus dem legendären Weinkeller auf dem Tisch.
Vor allem aber ist das Sansibar auch Restaurant. Köstlich, ganz frisch und leicht ist der Angeldorsch aus dem Gemüsesud mit Salzkartoffeln und Senfsauce, dazu geht es einmal quer durch die Speiselandschaft mit Sushi, Schnitzel, Burgern und Beef. The Place To Be! – auch nach über 30 Jahren.

Sansibar Adresse: Hörnumer Straße 80, 25980 Rantum
Tel: +49 4651 964646 Internet: www.sansibar.de
Öffnungszeiten: Täglich 10.30 Uhr bis Open End

JUST

SANSIBAR
SANSIBAR
SYLT

☞ Samoa Seepferdchen

Etwas ruhiger und ebenfalls sehr entspannt geht es im Samoa Seepferdchen ganz in der Nähe zu. In Strandkörben sitzt man dort in den Dünen – oder an einer lang gezogenen Holztheke mit direktem Blick auf das Meer. Dort kommen die fangfrischen Nordseefische des Seepferdchens her, darunter die legendäre Nordsee-Seezunge. Die Küche ist regional, saisonal und mit mediterran-asiatischen Einflüssen. An heißen Tagen werden Sonnensegel aufgespannt, an kälteren wird die Terrasse beheizt. Schlicht schön und in warmem Holz gehalten geht es innen zu, einem Wintergarten inklusive. Und noch etwas anderes ist besonders: An dieser schmalen Inselstelle kann man auch das Wattenmeer sehen.

Adresse: Hörnumer Straße 70, 25980 Rantum
Tel: +49 4651 5579, Internet: www.samoa-seepferdchen.de
Öffnungszeiten: Täglich 12.00 – 22.00 Uhr (Küche)

SAMOA
JEVER

WONNEMEYER WESTSTRANDHALLE

Wonnemeyer ist wohl jedem, der schon mal auf Sylt war, ein Begriff. Seit 2017 gibt es Wonnemeyer wieder ganz oben im Sylter Norden. Nach zwanzig Jahren am Wenningstedter Strand trägt nun die ehrwürdige Weststrandhalle in den Lister Dünen den Namen Wonnemeyer. Dieser Schritt war gleichzeitig auch eine Rückkehr zu den Wurzeln, denn hier in List hat alles angefangen, was heute unter dem Namen „Wonnemeyer" nicht mehr aus dem Sylter Genussangebot wegzudenken ist. Und dennoch hat die Familie für das neue Konzept wieder neu gedacht. Hier in der Weststrandhalle lautet das Motto „Wonne wie wohlfühlen und Meyer für jedermann". Wer hier einkehrt, findet einen einfachen, mediterranen, burschikosen und dennoch modernen Stil und eine Speisekarte mit viel Fisch. Wie es sich eben für den Norden gehört. Von Sild, über Matjes und Sprotten, Seezunge, bis zu Dorsch und Heilbutt in einfachen, aber guten Variationen. Auch die Krabbensuppe ist köstlich ebenso wie das Galloway Beef, das aus nordfriesischer Freilandhaltung stammt. Um es auf den Punkt zu bringen – ein Abstecher in den Sylter Norden lohnt sich.

Wonnemeyer Weststrandhalle Adresse: Ellenbogen 3, 25992 List
Tel: +49 4651 870266 Internet: www.wonnemeyer.de
Öffnungszeiten: Dienstag – Samstag 12.00 – 21.00 Uhr,
Sonntag bis 17.00 Uhr, Montag geschlossen

LAN

☞ Alter Gasthof

Der Alte Gasthof auf Sylt ist in einem wunderschönen reetgedeckten Gebäude aus dem 17. Jahrhundert zuhause. Wer hier zum Abendessen einkehrt, kann sich auf inseltypischen Charme freuen. Denn der Alte Gasthof verkörpert wohl wie kaum ein anderes Baudenkmal auf Sylt den Hauch vergangener Zeiten. Seit fast 200 Jahren ist dies ein Ort, der bekannt ist als eine Stätte der Ruhe vor dem Alltag, verbunden mit den schönsten kulinarischen Erlebnissen. Apropos kulinarische Erlebnisse – der fangfrische Fisch kommt ausschließlich aus der Nordsee und wird aus Küstenfängen vom kleinen Kutter durch Händler des Vertrauens gekauft. Austern und Muscheln werden von Lister Betrieben bezogen und das Fleisch kommt aus Keitum. Und da wären wir auch schon bei den „Musts", die zum Abendessen unbedingt bestellt werden sollten. Am besten startet man mit dem Wildkräutersalat, danach sollte man sich das Rauchlachstatar nicht entgehen lassen, genauso wie die Austern, doch auch der Lister Fischtopf mit Garnelen und Krabben sowie die Hummer-Gerichte, zubereitet nach Helgoländer Art, sind himmlisch. Und da wäre noch die frische Nordseescholle. Es ist nicht zu leugnen – im Alten Gasthof kommen schnell Entscheidungsschwierigkeiten auf. Enttäuscht wird man jedoch nie!

Adresse: Alte Dorfstraße 5, 25992 List
Tel: +49 4651 877244, Internet: altergasthof.com
Öffnungszeiten: Dienstag – Sonntag 17.00 – 22.00 Uhr

L.A. LISTER AUSTERNPERLE

Herrlich abgelegen liegt diese Perle am Oststrand des Wattenmeeres. Keine Musik spielt, und stattdessen kann man sich ganz auf das Plätschern der Wellen konzentrieren, den Blick über den kleinen Strand und das Meer schweifen lassen – und dazu Sylter Royal Austern mit gebuttertem Friesenbrot essen, Lamm- und Kalbsbratwürste und vor allem Sylter Matjes mit Hausfrauensauce. Ein einfaches, köstliches Gericht mit ganz frischem und fast butterweichem Matjes. Perfekt! Woher das junge Team ihn bekommt, ist eines der Betriebsgeheimnisse, genauso wie das Rezept des köstlichen Apfelkuchens, den eine der Bedienungen selbst gebacken hat – mit perfekt klitschig-saftigem Teig, viel Frucht und der genau richtigen, dezenten Süße.
Tagsüber steht hier schon mal ein kleines barfüßiges Bikinimädchen vom Kinderstrand nebenan an der Bar und bestellt eine Saftschorle. Für Familien sind auch die Riesencurrywurst und die Fischstäbchen auf der Karte.
Aber es ist ebenso ein toller Ort, um mit einem Sundowner den Abend langsam einzuläuten, mit Blick zu den Austernbänken einige der Schalentiere zu schlürfen – oder zum Abendessen zu kommen. Doch Achtung, die Lister Austernperle, die auf Holzpfählen über dem Sand schwebt, hat einige, aber auch nicht allzu viele Tische, und reservieren kann man nicht. Heißt: Wer zuerst kommt, hat den schönsten Blick!

L.A. Lister Austernperle Adresse: Mannemorsumtal 33c, 25992 List
Tel: +49 4651 2999396
Öffnungszeiten: Täglich ab 10.00 Uhr bis spät in den Abend

L.A. SYLT

Coca-Cola

BUHNE 16

In die Buhne 16 kommt nur, wer auch wirklich dorthin möchte. Denn zu dem Strandbistro muss man ein paar Hundert Meter durch die Dünen oder über den Strand laufen. Und das ist gut so. Nirgendwo geht es so lässig wie in der Dünenkuhle zu, in der Loungemusik spielt und Fisch auf den Grill kommt, der selbst geangelt wird. Dann kann es mitunter spät in der Strandlocation werden, wo Surfer in der Schlange zur Selbstbedienungstheke schon mal auf Fernsehstars treffen, legere Hanseaten auf junge Familien und alle an den Tischen im Sand zusammenrücken. Wer in die Compilations „Buhne 16“ reinhört, die Wavemusic seit ein paar Jahren mixt, der spürt sofort den sonnigen Geist, der hier weht, durchzogen von salziger Seeluft und begleitet vom Tanzen im Sand.

Immer wieder treten Bands auf, es gibt den legendären Longboard Contest, ein Osterfeuer und die schönsten Strandpartys. Die hat Gunter Sachs schon hier gefeiert, herrlich abgeschieden vom Rest der Welt.

So unkompliziert wie die Atmosphäre ist auch die Karte. Neben den handgeangelten Fischen, die ein wirkliches Highlight sind, steht man für Ofenkartoffeln, Salate, Currywurst oder Heringstopf an. Bis 12 Uhr wird Frühstück angeboten, nachmittags Kuchen. Den hat gerade einer der Gäste verputzt und ruft der Bedienung „bis morgen dann“ zu, denn zur Buhne 16 kommt man immer wieder zurück.

Buhne 16 Adresse: Listlandstraße 133b, 25999 Kampen
Tel: +49 4651 4996 Internet: www.buhne16.de
Öffnungszeiten: Täglich ab 10.00 Uhr ab eine Woche vor Ostern bis Mitte Oktober

16
Rosé
wavemusic
Buhne16

Herzlich Willkommen
16

Interview mit Sven Behrens

Mitinhaber der Buhne 16

Das können wahrscheinlich nur Leute vom Festland fragen: Was ist eine Buhne?

Buhnen sind Querwerk, die als Wellenbrecher ins Meer hinausgebaut wurden. Mittlerweile aber werden sie wieder entfernt, weil sie sich als nicht so effektiv erwiesen haben.

Und wie ging es mit der Buhne 16 los?

1978 hat mein Onkel hier mit einer kleinen Surfschule angefangen und sie wurde im Laufe der Zeit immer größer. Seit 1999 betreiben mein Cousin Tim und ich sie.

Was ist das Besondere?

Sie liegt etwas abgelegen, man kann nicht vorfahren und auch nicht mit Stöckelschuhen hintrippeln. Und vor allem ist es ein sehr entspannter Ort!

Was ist Ihr Konzept?

Kein Tischservice, sondern Selbstbedienung, in der Saison muss man Schlange stehen, und da treffen die unterschiedlichsten Leute aufeinander.

Und im Sommer wird gegrillt ...

Genau, Fisch, Fleisch, Spanferkel. Die Makrelen werden von meinem Vater und vier Onkeln selbst geangelt.

Das hört sich nach Arbeit an.

Ist es auch, denn man muss die Angel bewegen, damit die Makrelen denken, sie schnappen nach einem Hering. Und dann werden sie per Hand ausgenommen.

Die beste Zeit, um an die Buhne 16 zu kommen?

Immer. Aber am schönsten ist es an lauen Sommerabenden, an denen es durchaus sehr lange gehen kann.

GOGÄRTCHEN
· KAMPEN ·
Sylt

GOGÄRTCHEN

Nichts ist mehr von dem roten Plüsch übrig, der einst das Gogärtchen bestimmte. Ganz im Gegenteil. Seit Christina Hässler und Florian Hühne die reetgedeckte Institution im Mai 2013 übernommen haben, ist alles anders, jünger, moderner, weniger protzig und viel offener. Seit über 30 Jahren unter der Leitung Rolf Seiches ein legendärer Promi- und Schickeria-Treff, ist hier heute ausdrücklich jedermann willkommen. Das Gogärtchen möchte ein Mehrgenerationenhaus sein – und so stehen auf einem der Tische auf der Terrassen-Bar nicht nur die Magnum-Champagnerflaschen, wie es sonst üblich ist, sondern auch ein Töpfchen mit Buntstiften. Im Garten nebenan, in dem sich einst Gunter Sachs oder Günter Netzer die Zeit vertrieben, warten schicke Möbel, die mit ihren Spaghetti-Schnüren wunderbar an die 70er-Jahre erinnern – und zwar an den stylishen Part der Ära.
Unterteilt in Bar und Restaurant ist das Gogärtchen, dazwischen liegt der Eingangsbereich, aber die Übergänge sind dennoch fließend. Entspannt kann man an der Bar einen Aperitif nehmen oder ein Glas des herrlich kräftigen portugiesischen Rotweins 2010er Grous Tinto Alentejo trinken – oder gleich den ganzen Abend dort verbringen. Das Wahrzeichen der einstigen Rolf-Seiche-Ära, die kupferne Bar, ist erhalten geblieben, man kann an ihr oder kleinen Tischen Platz nehmen und sich von jemandem aus dem fünfköpfigen Barteam einen der perfekten Gimlets mixen lassen.

Gogärtchen Adresse: Strönwai 12, 25999 Kampen
Tel: +49 4651 41242 Internet: www.gogaertchen.com
Öffnungszeiten: Täglich ab 14 Uhr bis Open End

☞ Restaurant Gogärtchen

Modern friesisch in Grau, Weiß und Blau gehalten, heimelig und modern ist das Gogärtchen-Restaurant, und man kann es sich auf Eckbänken, in kleinen Sesseln oder auf Holzstühlen bequem machen. Auf der Karte finden sich ein paar Rolf-Seiche-Klassiker, anspruchsvoll Modernes wie Seeteufel und Chorizo mit Safranfenchel, Kabeljau und Miso mit Apfel-Rosmarin-Creme, vegetarisches Risotto und auch Pizza aus dem eigenen Ofen oder Galloway-Rind. Bis 18.00 Uhr gibt es eine Bistrokarte mit Salaten, Pizza, einer kleinen Auswahl aus dem Abendangebot, aber auch – so unprätentiös wie der Rest – Currywurst mit Haus-Pommes.

Adresse: Strönwai 12, 25999 Kampen, Tel: +49 4651 41242
Internet: www.gogaertchen.com, Öffnungszeiten: Täglich 13.00 – 17.30 Uhr (Bistrokarte), 18.00 – 22.30 Uhr (Abendkarte)

Ampeleia

JOHANNES KING GENUSS-SHOP

Direkt am Eingang nach Keitum hat Johannes King, Zwei-Sterne-Koch vom Söl'ring Hof, ein kleines Gourmet-Paradies eröffnet. Das ist Shop, Bistro und Lieferservice zugleich. Stöbern kann man in einem Best-of an italienischen Ölen und Oliven, französischen Limonaden, japanischen Tees, Kaviar und Spirituosen, Sylter Heide- oder Löwenzahn-Honig – und Kings selbst gebackenen Haselnuss- oder Rosmarinkeksen, die eine butterige Köstlichkeit aus besten Zutaten sind. Auf Hockern kann man drinnen und auf der geschützten Terrasse Kleinigkeiten von der Bistrokarte wie Sylter Austern, Ceviche mit Grapefruit und Minze oder den kleinen, feinen Frühlingsgemüsesalat mit Frischkäse und Rapsöl-Vinaigrette bestellen, der wie eine herrliche, blühende Wiese aussieht und auch so schmeckt.
Mit hübsch gekacheltem Boden und in schlichtem Holz gehalten ist der Genuss-Shop ein schöner Ort für einen Snack, und dazu bietet King noch etwas ganz Besonderes an. Falls man keine Lust hat zu kochen und auch nicht vorhat, in ein Restaurant zu gehen, gibt es einen Gourmet-Service, der täglich wechselnde Gerichte nach Hause bringt – Geschirr inklusive. Das Gericht kommt im Bräter, den man nur noch in den Ofen schieben muss, und auch das Spülen erübrigt sich. Das benutzte Geschirr wird am nächsten Tag wieder abgeholt.

Johannes King Genuss-Shop Adresse: Gurtstig 2, 25980 Keitum
Tel: +49 4651 9677790 Internet: www.johannesking.de
Öffnungszeiten: Montag – Samstag 11.00 – 20.00 Uhr
Sonntag geschlossen

Kalbs Jus

☞ Das friesische Käselädchen

Im Grünen liegt dieser kleiner Laden von Dörte Dethlefs, in dem sie nordfriesische Biowurstspezialitäten, Eier, Brot, Zicklein-Fleisch und vor allem besten Ziegenkäse anbietet. Die Milch stammt von einer Herde, die einst auf dem Hof und jetzt auf dem Festland lebt. Wahnsinnig cremig und zart würzig ist der Ziegenfrischkäse, pur oder mit Kräutern selbst eingelegt. Man kann sich vor Ort auch eine Probierplatte mit Biobrot zusammenstellen lassen. Im Laden ist ein kleiner Stehtisch, an der Wiese vorm Haus stehen zwei Holztische, an denen man sich niederlassen kann – am besten mit einem Glas Pfälzer Biowein dazu.

Adresse: Siidik 6, 25980 Keitum, Tel: +49 4651 967441
Öffnungszeiten: Montag – Freitag 10.30 – 17.00 Uhr, Samstag 10.30-13:30 Uhr, von Anfang März bis Mitte November auch auf dem Westerländer Markt

SMART
TRAVELLING

GUT ZU WISSEN

Sylt ist groß, darum ist dieser Infoteil so klein. Hier erfahren Sie nicht alles und jedes, sondern genau das, was Sie für ein perfektes Wochenende brauchen. Wenige, aber genau die richtigen Informationen: Wissenswertes über die Sylter Lebensart, eine kleine subjektive Auswahl an Sehenswürdigkeiten, Spaziergängen und Tipps für Unternehmungen. Dazu einen Inselplan mit all unseren Lieblingsadressen, damit Sie nicht lange suchen müssen, sondern gleich anfangen können, Ihre Zeit auf Sylt zu genießen.

KÖNIGIN DER NORDSEE

Knapp 40 Kilometer lang, an der schmalsten Stelle gerade mal 380 Meter und an der großflächigsten etwa 13 Kilometer breit, liegt Sylt lang gezogen vor der Nordseeküste – und sobald man mit dem Zug über den Hindenburgdamm fährt, beginnt der Urlaub. Saftige, prieldurchzogene Wiesen, auf denen Lämmchen stehen, lebendiges Watt und ein nahezu unendlicher freier Blick, der einen nicht mehr loslässt.

Viele Jahrhunderte lang prägte Armut die Insel, bis 1855 in Westerland das erste Seebad gegründet wurde – und der Gästestrom begann. Als 1927 schließlich der Hindenburgdamm eröffnete, der die Insel mit dem Festland verbindet, begann der Tourismus nach und nach zur Haupteinnahmequelle Sylts zu werden. 1913 zog es schon über 30 000 Gäste in das Heilklima, es folgten Marlene Dietrich, sogar Josephine Baker, Hans Albers, Thomas Mann und wohlhabende Familien aus Hamburg und Umgebung. Heute ist Sylt die beliebteste Urlaubsinsel der Deutschen, mehr als fünf Millionen Gäste kommen jährlich, der Wohnraum ist längst knapp und die Grundstückspreise enorm. Die Mieten auch und so pendeln während der Hauptsaison täglich mehr als 2000 Arbeitskräfte von ihren Festland-Unterkünften auf die Insel.

Dennoch findet man immer noch einsame Plätze, verlassene Strandabschnitte und wunderbare Ruhe am Watt. Auf der „Königin der Nordsee", der „Insel der Reichen und Schönen" – oder manchmal keck auch dem „Vogelschiss", benannt nach dem populären Logo, das sich auf Aufklebern, Taschen, Tassen und anderem Merchandising findet, trifft die Hautevolee auf hemdsärmelige Wattwanderer und Familien auf die Surfer-Community.

EINZELNE ORTSCHAFTEN

Westerland

„Zum Glück ist Sylt nicht nur Westerland", sagen viele, denn der größte und einer der jüngeren Orte der Insel, in dem der Zug vom Hindenburgdamm ankommt, ist geprägt von den Bausünden der 50er-Jahre bis hin zu einem Apartment-Hochhaus am Strand. Zwei Einkaufsstraßen führen vom Bahnhof zum Meer und eine kilometerlange Kurpromenade den Strand entlang mit Eis-, Pommes-

und Crêpesbuden – und der Musikmuschel. Schon 1879 unterhielt eine Kurkapelle in einem kleinen Pavillon die Gäste, heute ist das Programm nicht immer geschmackssicher, aber umsonst und draußen und sehr beliebt.

Kampen

Die Hochburg der Reichen und Schönen der Insel und das bekannteste Inseldorf mit einer Ansammlung von Luxusboutiquen, wie man sie wohl sonst in keinem anderen so kleinen Örtchen findet. Vor den reetgedeckten Häusern flattern Fahnen von Burberry, Gucci, Chopard, Bottega Veneta und vielen anderen großen Designer-Namen im Wind. Dazu gibt es Cashmere-Boutiquen, Restaurants und Champagner-Bars. Doch nicht nur der gehobene Konsum beeindruckt in der einstigen Künstlerkolonie der 1920er-Jahre, sondern auch die Natur mit dem berühmten Roten Kliff, der Nordseebrandung, Dünen, Heide und Watt. Hier herrsche „erfrischende Melancholie“, befand Thomas Mann einst über Kampen, doch das war, bevor das Inseldorf in den 1960er-Jahren zum Society-Hotspot wurde, zur „Perle in der Auster“, wie Gunter Sachs meinte, mit Ausgeh-Orten wie dem Pony, dem Rauchfang, dem Gogärtchen und der legendären „Whiskeymeile“, die bis heute Anlaufpunkt zum Feiern ist.

Keitum

Berühmt für seine reetgedeckten und weißgetünchten Kapitänshäuser, ist Keitum das Schmuckstückchen der Insel. Die schmalen, kopfsteingepflasterten Straßen sind mit Heckenrosen, Flieder und alten Bäumen gesäumt, die Atmosphäre ist lauschig – auch wenn es während der Hochsaison hier hoch hergeht. Dann ist die Dorfmitte für Autos gesperrt, doch man kann einfach auf dem Parkplatz am Kreisverkehr parken und sich von dort aus durchs Dörfchen treiben lassen – bis hin zum Watt. Vorbei an Johannes Kings Genuss-Shop (siehe auch Seite 83), der Kleinen Teestube, Modeboutiquen und den Läden von Töpfern, Webern und Goldschmieden hin zum Wasser und zur Straße Am Kliff. Einst reichste Gegend des Örtchens, liegt hier heute das Sylter Heimatmuseum und sind viele der schönsten Friesenhäuser zu sehen.

Wenningstedt

Wenningstedt liegt, nur wenige Kilometer von Westerland entfernt, am Roten Kliff, es gibt eine kleine Strandpromenade und den einzigen Dorfteich

Sylts. Hier geht es wesentlich entspannter als in Westerland zu, viele Familien wohnen dort, und man hat spektakuläre Blicke über Strand und Meer – und kann die frühgeschichtliche Stätte Denghoog besuchen.

Rantum

Das Örtchen mit seinen gerade mal 600 Einwohnern liegt an der schmalsten Stelle der Insel, man kann immer wieder gleichzeitig über Wattenmeer und Nordsee blicken – und in einigen Hundert Metern von einem Wasser zum anderen laufen. Seit 1994 wird hier das Sylter Mineral- und Heilwasser gefördert, es ist nicht weit in das legendäre Sansibar, in das Samoa Seepferdchen – und man kann herrlich durch das ausgedehnte Dünengebiet wandern.

List

Es ist die nördlichste Gemeinde Deutschlands, hier legen die Fähren nach Rømø ab, und auch wenn das Örtchen selbst etwas trist wirkt, ist es umgeben von spektakulärer Natur. Das wunderschöne Naturschutzgebiet Ellenbogen liegt hier, an dessen Ostspitze die Nordsee und das Wattenmeer wirbelnd aufeinandertreffen. Das Listland ist das größte Dünengebiet der Insel, wird schwärmerisch auch Sylter Sahara genannt, und dann gibt es die Wanderdünen, die sich im Jahr bis zu sieben Metern verschieben. In List kann man gut dem Trubel Westerlands entfliehen, doch am Königshafen, an dem auch die erste Gosch-Bude überhaupt steht, herrscht manchmal fast Kirmesplatz-Atmosphäre.

Hörnum

Viele sagen, dass Hörnum in den nächsten Jahren groß herauskommen wird. Bereits heute wird in dem einstigen Seeräubernest und Südhafen der Insel kräftig investiert, das moderne 5-Sterne-Hotel Budersand wurde dort gebaut, einem großen Golfplatz inklusive. Bis heute allerdings ist die wirkliche Sensation des Örtchens, das einst Militärstandpunkt war, die Hörnum-Odde. An der südlichsten Spitze der Insel, die seit 1972 unter Naturschutz steht, ist sie nur zu Fuß zu erreichen. Dort strahlt der Sand im schönsten Weiß, aber verbreitet auch Melancholie. Denn die Odde ist gleichzeitig der am stärksten vom Abbruch bedrohte Teil der Insel.

MALER, SCHRIFTSTELLER, FILMSTARS – UND DER JETSET

Kaum zu glauben, dass Kampen mal eine Künstlerkolonie war. 1923 ließ sich dort der Verleger Heinrich Tiedemann nieder, errichtete das Haus Kliffende – und beherbergte über die Jahrzehnte hinweg Schriftsteller wie Thomas Mann, der mit Frau und Kindern kam und dessen Bewunderung für die Schönheit der Insel viel zitiert ist. „An diesem erschütternden Meere habe ich tief gelebt“, schrieb er eines der beeindruckendsten Sylt-Komplimente ins Gästebuch. 1930 verbrachte der Maler Emil Nolde einige Zeit in der legendären Künstlerpension – und es folgten viele andere. Ebenfalls in Kampen hatte der Verleger Peter Suhrkamp ein Haus, Max Frisch, Walter Jens und Carl Zuckmayer verbrachten dort ihre Urlaube. Hermann Hesse, Stefan Zweig, Marlene Dietrich und sogar Josephine Baker verschlug es auf das Eiland, und glaubt man der Legende, tanzte Gret Palucca, die Ikone des Modernen Tanzes, nackt in den Dünen. Kampen zog Künstler, Kreative und Intellektuelle aus der ganzen Weimarer Republik an – bis der Zweite Weltkrieg kam. Da wurde es ruhig auf der Insel, und zwar für viele Jahre.

Ende der 1960er-Jahre schließlich entdeckte der Jetset Kampen, Gunter Sachs kam mit seiner damaligen Gattin Brigitte Bardot und feierte legendäre Partys an der Buhne 16, lauschig in den Dünen gelegen und direkt am FKK-Strand. Sachs behielt seine Badehose an, viele andere nicht, und Romy Schneider lästerte nach ihrem einzigen Sylt-Besuch: „In jeder Welle hängt ein nackter Arsch.“ Kampen wurde von Gunter Sachs zum „Saint-Tropez des Nordens“ erkoren, viele Nächte verbrachte man in der „Whiskeymeile“ Strönwai mit seinem Pony Club, Curd Jürgens war mit von der Partie und sogar die persische Ex-Kaiserin Soraya. Auch heute trifft man auf Sylt noch einige Prominenz, Johannes B. Kerner ist ein häufig gesehener Gast in der Buhne 16. Doch der Glamour ist passé.

Kirche St. Severin

Sie ist das Sinnbild einer Kirche: eine Arche gegen Wind und Sturm, mit wehrhaftem Turm und einem wunderschönen, hölzernen Innenraum mit einer Kanzel aus der Renaissance und abstrakter Kunst über dem Altar. Sich hier das Jawort zu geben ist sehr beliebt, und auch Heiligabend sind die Plätze schon früh ausnahmslos besetzt, es flackern Kerzen, Insulaner und Touristen singen gemeinsam Weihnachtslieder. Manche bleiben ihr über den Tod hinaus verbunden, wie Peter Suhrkamp und Rudolf Augstein, die auf dem Friedhof der Kirche gemeinsam mit Kapitänen und Insulanern begraben sind.

Legendär sind die Orgelkonzerte, die jeden Mittwoch stattfinden. Da sie regelmäßig ausverkauft sind, lohnt es sich, rechtzeitig Karten bei der Kurverwaltung Keitum (Tel.: +49 4651 9980, www.insel-sylt.de) zu reservieren.

Pröstwai 20, 25980 Keitum

Täglich 9.00 – 18.00 Uhr

Heimstätte für Heimatlose

Es ist wohl einer der melancholischsten Orte der Insel – auch wenn er mitten im Neubaugebiet und neben der modernen Kirche in der Elisabethstraße liegt. Vier Reihen schlichter Holzkreuze sind auf dem schönen kleinen Friedhof zu sehen, deren Beschriftung bis 1855 zurückgeht. Seither wurden die Toten, die von der Nordsee an den Strand gespült worden sind und nichts bei sich hatten, was sie hätte identifizieren können, begraben. 55 unbekannte Seeleute ruhen hier, die zwischen 1855 und 1905 in der hohen See ums Leben kamen. Nur einer ist bekannt: Harm Münster, der bei der Strandung der „Gerhardine" 1890 ertrank – mit nur 18 Jahren. Seit 1907 werden die Opfer der Nordsee auf dem Neuen Friedhof begraben.

Käpt'n-Christiansen-Str./Ecke Elisabethstraße, 25980 Westerland

Sylter Heimatmuseum

Der richtige Ort, um alles über den Sylter Freiheitshelden Uwe Jens Lornsen (1793–1838) zu erfahren, der für die Unabhängigkeit Schleswig-Holsteins kämpfte und nach dem auch die berühmte Uwe-Düne, die höchste Erhebung der Insel, benannt ist. Im Heimatmuseum, das bereits 1908 eröffnet wurde, ist Lornsens Leben ein ganzer Raum gewidmet. Dazu gibt es friesische Trachten und Handwerkskunst, Relikte aus der Walfängerzeit, Seekarten, nautische Instrumente, alte Stiche und archäologische Funde – sowie Mitbringsel aus der ganzen Welt. Schön ist auch die Ausstellung mit Arbeiten des Sylter Malers und Fotografen Magnus Weidemann (1880–1967).

Am Kliff 19, 25980 Keitum
Tel: +49 4651 31669
April – Oktober: Montag – Freitag 10.00 – 17.00 Uhr, Samstag und Sonntag 11.00 – 17.00 Uhr, im Winter Mittwoch – Samstag 12.00 – 16.00 Uhr

Altfriesisches Haus Keitum

Ein paar Häuser neben dem Heimatmuseum kann man sich anschauen, wie man auf der Insel im 18. und 19. Jahrhundert lebte. Der einstige Wohnsitz des Sylter Chronisten Christian Peter Hansen ist seit 1907 Museum und bringt die friesische Wohnkultur lebendig nahe. Dazu gibt es auch eine Museumsweberei, ein Handwerk, das auf Sylt eine lange Tradition hat.

Am Kliff 13, 25980 Keitum
Tel: +49 4651 32805
April – Oktober: Montag – Freitag 10.00 – 17.00 Uhr, Samstag und Sonntag 11.00 – 17.00 Uhr, im Winter Mittwoch – Samstag 12.00 – 16.00 Uhr

Reisende Riesen im Wind

Man glaubt seinen Augen nicht zu trauen, wenn man auf dem Vorplatz des Bahnhofs in Westerland steht. Eine Gruppe grellgrüner und bis zu vier Meter hoher Skulpturen steht dort. Es sind die „Reisenden Riesen im Wind“ des Kieler Künstlers Martin Wolke, der 2001 die Ausschreibung des landesweiten Wettbewerbs gewann. 72 Einreichungen gab es, doch die Stadt entschied sich für diese Skulpturen-Familie mit übergroßen Füßen, Köpfen, die mit dem Scheitel nach unten auf dem Hals sitzen, Gepäck und Laternen, die einem vermeintlichen

Sturm trotzen und deshalb ganz schräg stehen. Allenfalls als skurril kann man das plumpe Werk bezeichnen, das die Syltbesucher begrüßt und wieder verabschiedet.

Denghoog Wenningstedt

Riesige Findlinge wurden um 2200 vor Christus aus Skandinavien in das heutige Wenningstedt transportiert und zu einer Grabanlage aufgeschichtet, die unter der Erde liegt. Man sieht sie als drei Meter hohen Hügel, und in ihrer Grabkammer, die 1868 von einem Geologen geöffnet wurde, fand man Tongefäße, Waffen, Werkzeuge und Bernstein. Die Duplikate einiger dieser Fundstücke sind im Sylter Heimatmuseum zu sehen, die Originale sind auf Schloss Gottorf in Schleswig ausgestellt. Beeindruckend: Ein 6,5 Meter langer Gang ist unterirdisch angelegt, ebenso eine Kammer, die drei Meter breit und fünf Meter lang ist und mit Schlick und Ton so verputzt wurde, dass kein Wasser eindringen kann.

Tel: +49 4651 32805
Mai – September: Montag – Freitag
10.00 – 17.00 Uhr
Samstag, Sonntag und Feiertage:
11.00 – 17.00 Uhr
April und Oktober: Montag – Freitag
10.00 – 16.00 Uhr
Samstag, Sonntag und Feiertage:
11.00 – 16.00 Uhr

Kunst: Raum Sylt Quelle

Der Ort für zeitgenössische Kunst auf Sylt. Inmitten der Dünen und mit Blick auf das Wattenmeer wird nicht nur Mineralwasser gefördert, sondern es finden auch Ausstellungen, Lesungen und Konzerte statt. In Zusammenarbeit mit dem Literarischen Colloquium Berlin, dem Schleswig-Holstein Musik Festival und internationalen Kunstschaffenden ist das Niveau hoch und das Konzept international. Fotografie, Installation, Neue Musik oder Lyrik: All das findet in einem gläsernen Rundbau statt, der sehr schön zum Watt hin liegt.

kunst:raum sylt quelle

Hafenstraße 1, 25980 Rantum
Tel: +49 4651 92033
www.krsq.de
oder: www.syltfoundation.com
Dienstag – Sonntag 11.00 – 18.00 Uhr

Auster Sylter Royal

Nur wenig salzig, mit vollem nussigem Geschmack und prall in ihrem Fleisch ist die Sylter Royal, die einzige Auster, die in Deutschland wächst und in der Blidselbucht im Lister Wattenmeer großgezogen wird. Sie ist die Nachfolgerin der Europäischen Auster, deren Bestand überfischt wurde, und so werden seit 1986 und nach 50-jähriger Pause heute Pazifische Felsenaustern in grobmaschige Säcke gepackt, um dann im Wattenmeer drei Jahre lang zu wachsen.

Deichlamm

Sie grasen auf Salzwiesen mit gutem, mineralstoffreichem Gras und essen Kräuter wie Salzmiere, Keilmelde, Weidenröschen oder Strand-Milchkraut, und das macht den Geschmack ihres Fleisches aus. Die besten Lämmer stammen von John-Ricklef Petersen, der sein Fleisch auf dem Gänsehof in Keitum (Koogstraße 2) zum Verkauf anbietet. Dort gibt es auch geräucherten Lammschinken, Lammsalami und Lammbratwürstchen, und natürlich findet man die Produkte in vielen Restaurants der Insel.

Wildente

In Entenfangstationen wie der in Kampen wurden von 1767 bis zur Stilllegung 1921 Wildenten durch Teiche angelockt und in Netze und Reusen getrieben. Tausende wurden pro Saison gefangen, und bis heute ist die halbe Wildente ein Traditionsgericht auf der Insel. Es gibt sie klassisch und in verschiedensten anderen Variationen bis hin zur asiatischen. Die beste wird in der Vogelkoje Kampen serviert, direkt neben der einstigen Fangstation gelegen, die heute ein Naturschutzgebiet ist.

Krabben

Es heißt, die kleinste sei die größte im Geschmack. Fein-nussig sind die Nordseekrabben, naturbelassen, man isst sie zu Kartoffeln, auf Schwarzbrot, mit einer feinen Kräutercreme, zur Scholle, als Krabbensuppe oder einfach pur.

Matjes

Im Mai und Juni ist Matjes-Saison. Dann werden die jungen, noch nicht geschlechtsreifen Heringe gefangen und sofort für fünf Tage in einer Eichentonne samt Salzlake gereift. Eine Methode, die ins Mittelalter zurückreicht und in den Niederlanden entwickelt wurde. Die Matjesfilets, die einen Fettgehalt von um die 15 % haben, werden mit Schwarzbrot oder Pellkartoffeln serviert.

Miesmuschel

Die Miesmuschel wird von September bis April im Wattenmeer geerntet. Sie wird auch Pfahlmuschel genannt, da die Larven an Steinen, Pfählen und Sand andocken und dort reifen. Ihre Bestände im Wattenmeer gehen immer mehr zurück, auch weil durch milde Winter natürliche Feinde wie Vögel immer häufiger präsent sind. Gegart werden sie in Gemüse- oder in Weißweinsud.

Friesentorte

Diese Tortenspezialität hat es in sich. Sie stammt aus Schleswig-Holstein und besteht aus Mürbe- und Blätterteig und mehreren Schichten Schlagsahne und Pflaumenmus. Die oberste Schicht ist immer aus Sahne, auf die dreieckige Blätterteigstücke schräg aufgesetzt werden.

Sylter Tee

Seit 1735 trinkt man auf Sylt kräftigen, schwarzen Friesentee – und zwar auf besondere Art. Erst kommt etwas Kandis in die Tasse, dann der Tee und anschließend etwas Sahne hinein. Und auf gar keinen Fall umrühren – denn nur so schmeckt er, wie der Friese ist: erst etwas herb und dann wird er immer süßer.

SYLT-KLASSIKER

Restaurant Jörg Müller

Vielfach preisgekrönt, klassisch elegant und eine der Gourmet-Institutionen der Insel. Während der Sterne-Koch Jörg Müller in der Küche gehobene regionale Gerichte zaubert, empfängt seine Frau Barbara die Gäste in dem Westerländer Restaurant. Es bietet einerseits raffinierte Haute Cuisine mit Legendärem wie „Steinbutt und Hummer in zwei Saucen", in der wunderschön gekachelten Friesenstube „Pesel" hingegen wird Bodenständigeres wie „Schollenfilets mit Krabben“ und andere Köstlichkeiten serviert. Dort geht es unprätentiöser zu, und der Service ist natürlich in beiden Lokalitäten perfekt.

Süderstraße 8, 25980 Westerland
Tel: +49 4651 27788
www.hotel-joerg-mueller.de
Restaurant: 17.00 – 22.00 Uhr, Dienstag geschlossen,
Pesel: 12.00 – 14.00 Uhr und 18.00 – 22.00 Uhr, Dienstag geschlossen

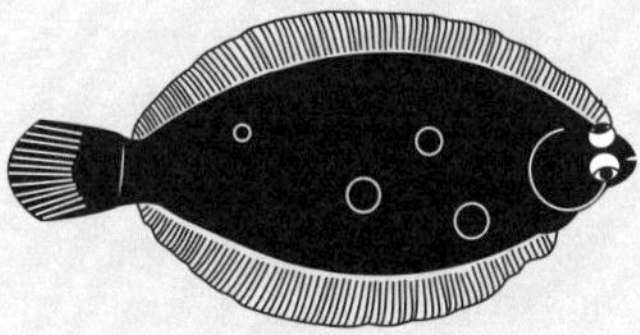

Tadjem Deel
Seit fast 40 Jahren führen die Hinrichsens das Restaurant in den Rantumer Dünen, mit bunter Nixenstatue am Eingang, Fischernetzen, Gärtchen mit Strandkörben – und einer ordentlichen Portion Bodenständigkeit. Schick ist hier gar nichts, stattdessen setzt man auf hemdsärmlige und etwas biedere Gemütlichkeit. Eine Erholung ist das dennoch, dazu gibt es reelle Insel-Küche und im Sommer selbst geangelte Makrelen.

Hörnumer Straße 60, 25980 Rantum
Tel: +49 4651 23161
Dienstag – Sonntag 12.00 – 21.00 Uhr

Kleine Teestube
In der Friesenstube sitzt man an Holztischen mit Spitzendeckchen, im Garten windgeschützt hinter Hecken, in Strandkörben und umgeben von Blumen. Die Kleine Teestube ist ein Keitum-Klassiker mit über 80 Sorten Tee, vom kräftigen Friesentee, chinesischen Raritäten bis hin zu Chai- und Yogitees. Natürlich gibt es aber auch Kaffee. Es wird Frühstück serviert, die Kuchen sind selbst gebacken und so auch die Waffeln, die, je nach Saison, schon mal mit frischen Brombeeren auf den Tisch kommen.

Westerhörn 2, 25980 Keitum
Tel: +49 4651 31862
www.kleineteestube-sylt.de
Täglich 10.00 – 18.00 Uhr,
Donnerstag geschlossen

Kupferkanne
Wie auf ein großes Anwesen fährt man zur Kupferkanne, einem einstigen Flakbunker, der bei Kriegsende erst zu einem Künstleratelier, dann zu einem Künstlerlokal und 1975 schließlich zu dem größten und beliebtesten Café der Insel wurde. Ver-

schlungen wie in einem Labyrinth, in kleinen Eckchen und Nischen, in denen sich überall Tische verbergen, kann man ebenso sitzen wie in dem großen Garten, der von Büschen durchzogen ist und direkt am Wattenmeer liegt. Die selbst gebackenen Kuchen der Großgastronomie sind ein Klassiker und viel gerühmt für ihre Größe.

Stapelhooger Wai 7, 25999 Kampen
Tel: +49 4651 41010
www.kupferkanne-sylt.de
Täglich von 10.00 – 18.00 Uhr

Voigts Alte Backstube

So mancher macht sich extra nach List auf, um in dem Café mit seinem Wintergarten und großem Garten direkt vor der Tür eine der vielen Pfannkuchen-Variationen zu essen, von denen fast 50 verschiedene angeboten werden. Doch sie sind nur eine der Spezialitäten des Familiencafés samt Spielplatz, das auf gute und nachhaltige Zutaten achtet und Produkte der Insel verwendet. Ohne Schnickschnack kommen die Gerichte daher, zu denen auch Eintöpfe, Pellkartoffeln, Waffeln und Kuchen gehören. So manches gibt es als Mitbringsel – in Weckgläsern und, wie der Eintopf, in Dosen.

Süderhörn 2, 25992 List
Tel: +49 4651 870512
www.voigts-sylt.de
Täglich (April bis Oktober)
11.00 – 12.00 Uhr, kleines Baguettefrühstück, Waffeln und Kuchen
Täglich (ganzjährig) 12.00 – 21.00 Uhr warme Küche, Mittwoch Ruhetag

Gosch Fischbude List

Die nördlichste Fischbude Deutschlands, die gleichzeitig das Mutterschiff des Gosch-Imperiums ist und direkt am Sylter Hafen liegt, ist längst nicht mehr nur Bude, sondern Selbstbedienungs-Restaurant mit aufwendiger Fischer-Deko und jeder Menge Merchandising. In der „Fischbude" mit kleinem Leuchtturm auf dem Dach herrscht immer Hochbetrieb, der Fisch ist knackfrisch, die Fischbrötchen sind ein Klassiker – trotz der etwas gehaltlosen Brötchen. Es gibt aber auch Scampi vom Grill und vieles, vieles andere in den eisgekühlten Theken.

Am Hafen, 25992 List
Tel: +49 4651 8364137
www.gosch.de
Sommer: 9.30 – 20.00 Uhr
Winter: 9.30 – 17.00 Uhr

Hotel Dorint Söl'ring Hof

In diesem reetgedeckten, weißen Fünf-Sterne-Hotel auf der Düne blickt man aufs Meer und hört es rauschen, wenn man im Bett liegt. Die Zimmer sind wunderschön, maritim und im eleganten Landhausstil eingerichtet. So berühmt wie das Hotel ist dessen Feinschmecker-Restaurant von Johannes King, ausgezeichnet mit zwei Sternen und einer Philosophie, die Wert auf heimische und saisonale Produkte legt, welche teils aus dem Küchengarten, von Bauern der Insel, vom eigenen Angelschiff oder von Fischern aus der Region stammen und die er in großartiger Kreativität zu ganz besonderen Genüssen arrangiert. Besonders schön ist es, einen Aperitif auf dem Holzbänkchen mit Blick auf das Meer zu nehmen.

Am Sandwall 1
25980 Rantum
Tel: +49 4651 836200
www.soelring-hof.de
DZ ab 395 Euro inkl. Frühstück
Restaurant: Montag – Samstag ab 18.30 Uhr, Sonntag geschlossen

Hotel Miramar

Seit 1903 thront diese einstige Belle-Époque-Schönheit in prominentester Lage über dem Strand von Westerland. Das Entree ist beeindruckend, schönste Jugendstil-Intarsien, Lampen, die an die Roaring Twenties erinnern und original sind, und Zimmer mit spektakulärem Meerblick, die allerdings auch etwas bieder sind. Man kann aber ebenso nur zu einem Kaffee, Drink oder Dinner kommen. Die Terrasse am Meer ist leider nicht mehr im Stil vergangener Zeiten gestylt, man sitzt im Sylt-typischen Rattan-Ambiente. Aber der Blick ist erhaben – und geht man durch die Gänge mit alten Fotografien, umweht einen noch einmal ein Hauch der glanzvollen Historie.

Friedrichstraße 43
25980 Westerland
Tel: +49 4651 8550
www.hotel-miramar.de
DZ ab 280 Euro, inkl. Frühstück

Hotel Stadt Hamburg

Im Stil eines englischen Landhauses ist das Hotel Stadt Hamburg eingerichtet, das bereits seit 1869 besteht und heute in dritter Generation von der Familie Hentzschel geführt wird. In Bahnhofsnähe gelegen, hat das strahlend weiße Friesenhaus 72 Zimmer, alle individuell eingerichtet mit Stoffen, Antiquitäten und Tapeten, die von Harald und Moni Hentzschel selbst aufgespürt und ausgesucht wurden. In der Lounge prasselt der Kamin, es gibt ein Gourmet-Restaurant, ein Bistro und auch eine Shiseido-Beauty-Farm, die ebenso von Nicht-Gästen genutzt werden kann. Buchen Sie rechtzeitig, die Termine sind sehr begehrt.

Strandstraße 2, 25980 Westerland
Tel: +49 4651 8580
www.hotelstadthamburg.com
DZ ab 215 Euro, Frühstück 22 Euro

BEST-OF-DELI

Bäckerei Jürgen Ingwersen

Das Ingwersen-Vollkornbrot mit Bio-Roggen von der Insel, das kennt man, denn es wird deutschlandweit vertrieben. In Morsum aber sitzt die Keimzelle des Traditionsunternehmens. Heute werden dort täglich mehr als 100 Spezialitäten gebacken und im hauseigenen modernen Café, mit Kamin und Glasdach, einem großen Garten und kleinem, lauschig rotem Kaffeezimmer, serviert. Gut sind das Vollkornbrot mit Nordseekrabben und vor allem auch die äußerst gehaltvolle Friesentorte mit Pflaumenmus und diversen Sahneschichten. Vom Frühstück bis zum Abendbrot kann man bei Ingwersen essen, einfach nur einen Tee trinken – und alles in der Bäckerei vorne auch mitnehmen.

Terpstig 76, 25980 Morsum
Tel: +49 4651 823344
www.ingwersen-sylt.de
Bäckerei: Montag – Samstag 6.30 – 18.30 Uhr, Sonntag 8.00 – 18.30 Uhr,

Café: Täglich 8.00 – 19.00 Uhr
(leicht abweichende Öffnungszeiten außerhalb der Hauptsaison)

Das friesische Käselädchen

Dörte Dethlefs bietet nordfriesische Biowurstspezialitäten, Eier, Brot, Zicklein-Fleisch und vor allem besten Ziegenkäse an. Die Ziegenfrischkäse, die aus der Milch einer Herde hergestellt werden, die einst auf dem Hof und jetzt auf dem Festland lebt, sind köstlich cremig und zart würzig, ob der pure Ziegenfrischkäse oder der mit heimischen Kräutern selbst eingelegte. Man kann zwischen Hart-, Frisch- und Weichkäsesorten wählen und sich vor Ort auch eine Probierplatte mit Biobrot zusammenstellen lassen. Im Laden ist ein kleiner Stehtisch, an der Wiese vorm Haus stehen zwei Holztische, an denen man sich niederlassen kann – am besten mit einem Glas Pfälzer Biowein dazu.

Siidik 6
25980 Keitum
Tel: +49 4651 967441
Montag – Freitag 10.30 – 17.00 Uhr
Samstag 10.30 – 13:30 Uhr und auf dem Westerländer Markt

Bäckerei Abeling

Jeden Morgen steht man hier Schlange. Mit Einheimischen und Touristen, die auf die Brötchen, Hörnchen und Brote der alteingesessenen Bäckerei schwören. Gebacken wird ausschließlich mit natürlichen Zutaten, sehr viele Vollkornsorten sind im Angebot und sogar ein Algenbrot, das gemeinsam mit der Sylter Algenfarm entwickelt wurde. Besonders köstlich sind die Milchbrötchen, saftig und weich, die so richtig nach Kindheit schmecken.

Maybachstraße 15, 25980 Westerland
Tel: +49 4651 22542
www.baeckerei-abeling-sylt.de
Ostern – 31. Oktober: Montag – Samstag 6.30 – 18.00 Uhr, Sonntag 7.00 – 11.00 Uhr, in der Nebensaison: Montag – Freitag 6.30 – 18.00 Uhr, Samstag 6.30 – 13.00 Uhr, Sonntag 8.00 – 11.00 Uhr

Blum Fisch-Spezialitäten

Im Gegensatz zum Multi-Player Gosch ist Fisch-Blum lokal ausgerichtet und eher an Qualität als an Marketing interessiert. Fünf Filialen mit angeschlossenem Bistro gibt es auf Sylt, das Hauptgeschäft ist in Tinnum – und überall gibt es fangfrischen Fisch auch zum Mitnehmen,

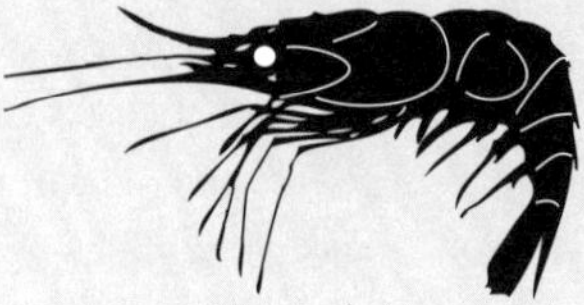

die Sylter Heringsplatte ist eine Spezialität und vor allem der unschlagbar frische Räucherfisch. Der wird auf Wunsch eingeschweißt und ist so ein ideales Mitbringsel.

Mittelweg 7, 25980 Tinnum
Tel: +49 4651 3401
www.fisch-blum-sylt.de
Montag – Samstag 8.30 – 20.00 Uhr,
Sonntag 11.00 – 20.00 UhrSylter

Schokoladenmanufaktur

Die Schokoladenmanufaktur gehört zum Café Wien in Westerland, hat ihren Standort aber im Sylter Gewerbegebiet in Tinnum. Dort werden seit 2006 Schokoladen, Pralinen, die Störtebeker Torte und die berühmten Friesenkekse nach Meister Wiedermann und dessen Rezept von 1914 produziert. Alles wird in Handarbeit hergestellt, die Schokoladen sind handgeschöpft, und alles kann man im Café der Manufaktur probieren. Vertrieben werden die Spezialitäten ebenfalls im „kleinen Laden" in Westerland, gleich neben dem Café Wien (Strandstraße 13).

Zum Fliegerhorst 15, 25980 Tinnum
Tel: +49 4651 2991501
www.cafe-wien-sylt.de
Täglich 10.00 – 18.00 Uhr

Sylter Tee Company

Tee ist das Getränk der Insel – und die Tee Company das älteste biozertifizierte Teehaus der Insel, welches ausschließlich Teepartien aus bio- oder rückstandskontrollierten Produktionen verarbeitet. Im hauseigenen Teespeicher nahe dem Rantumer Naturschutzgebiet werden die Tees von Hand gemischt, atmen die jodhaltige Luft und werden in kleinen Mengen von Hand verpackt – und im Laden in Westerland verkauft.

Strandstraße 10, 25980 Westerland
Tel: +49 4651 8891717
www.syltertee.de
Dienstag – Samstag 10.00 – 18.00
Uhr, Sonntag 11.00 – 18.00 Uhr

Wochenmarkt Westerland

Der beste Ort, um frisches Obst, Gemüse und das ebenso in Bioqualität einzukaufen, ist der Wochenmarkt in Westerland. Dort hat auch Dörte Dethlefs mit ihrem kleinen friesischen Käselädchen einen Stand, und auch andere Spezialitäten werden angeboten. Der Markt findet jeden Samstag und im Sommer zudem am Mittwoch von 8.00 – 14.00 Uhr vor dem Rathaus Westerland statt.

BEST-OF-SHOPPING

Keitum

In Keitum kann man sich durch die kleinen, geschwungenen Kopfsteinpflaster-Straßen treiben lassen und dabei einen Blick in viele kleine, charmante Läden werfen. Keitum gilt als Dorf der Kunsthandwerker, es gibt Töpferwerkstätten, Glasbläsereien, eine Weberei, und auch Kacheln werden hergestellt, zahlreiche Silber- und Goldschmiede bieten hier ihre Entwürfe an (www.sylterkunsthandwerker.de). Aber es gibt auch immer mehr Concept-Stores mit ausgewählten Designern, Marken wie Ralph Lauren haben sich angesiedelt, und Johannes King hat seinen Genuss-Shop eröffnet.

Ein besonderes Highlight: das Töpferhaus von Regine Skoluda und Till Bruttel, die schönstes Geschirr und kleine Skulpturen herstellen und sie kunstvoll und in einer Manier bemalen, die an Marc Chagall, an Modigliani und die Rosenthal-Klassiker von Bjørn Wiinblad erinnert (Gaat 6, Tel: +49 4651 31587).

Etwas außerhalb von Keitum:

Tee Kontorhaus

Mitten im Grünen liegt der moderne und elegante Teekontor, der ein ebensolches Sortiment anbietet – neben Teekannen, Teegeschirr, Wohnaccessoires und kulinarischen Spezialitäten auch jede Menge ausgesuchter Tees. Präsentiert wie in einem klassischen Teekontor, in unzähligen Dosen und unter fachmännischer Beratung, kann man ganz in Ruhe wählen – und im Teesalon selbst auch alle Teesorten probieren. Eingerichtet mit Designklassikern, hell, licht und mit Blick ins unendliche Grün, kann man es sich dort gemütlich machen, in Zeitungen blättern oder seinen Tee im Strandkorb auf der Terrasse einnehmen. Zudem gibt es regelmäßig Ausstellungen, Konzerte und andere kulturelle Veranstaltungen.

Siidik 15, 25980 Keitum
Tel: +49 4651 8891194
www.kontorhauskeitum.de
Montag – Samstag 10.00 – 18.00 Uhr

Kampen

Nirgends gibt es auf so kleinem Raum eine solche Dichte an Designerläden wie in Kampen. Schon von Weitem wehen die Flaggen der Stores von Bottega Veneta, Burberry, Hermès, Gucci, Louis Vuitton, Wunderkind, von Bulgari, Chopard und anderen internationalen Größen im Wind. Sie sind vor allem auf dem Strönwai und dem Braderuper Weg zu finden. Neben den zahlreichen Flagshipstores gibt es Boutiquen mit eigener Auswahl und eigenem Profil.

GESCHICHTE DES STRANDKORBS

Nicht vom Sylter Strand wegzudenken – und im Sommer ein so heiß begehrtes Gut, dass man ihn reservieren sollte: den Strandkorb. Wer das aus Weiden geflochtene Strandmöbel, das gegen Wind und Sonne schützt und dazu gleichzeitig noch äußerst bequem ist, nun letztendlich erfand, ist ein wenig umstritten. War es der Rostocker Korbmacher Wilhelm Bartelmann, der im Oktober 1870 seine Manufaktur eröffnete? Oder war es Elfriede von Maltzahn, die sich 1882 an ihn wandte, weil sie sich ihrer rheumatischen Beschwerden wegen eine schützende Sitzvorrichtung für den Strand wünschte und angeblich genaue Vorstellungen von dem Möbel hatte. Wie immer der Entwurf zustande kam, war jedenfalls sie die Erste, die in einem damals noch Einsitzer am Strand von

Warnemünde Platz nahm und dabei ziemlich bestaunt wurde. Später ent wickelte Bartelmann den Zweisitzer, im Laufe der Jahrzehnte kamen die Fußbänkchen, ausklappbare Tischchen, die Sonnenmarkise und das bewegliche Rückenteil hinzu.

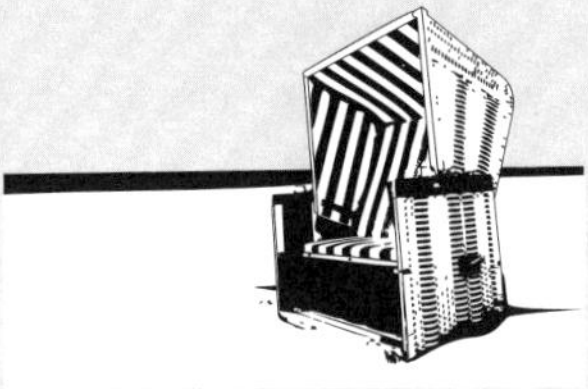

FKK

„In jeder Welle hängt ein nackter Arsch", bemerkte Romy Schneider bei ihrem einzigen Sylt-Besuch. Und auch Gunter Sachs, der die Kampener Strandbar Buhne 16 in ein nördliches Saint-Tropez verwandelte, behielt die Badehose an. Der Rest allerdings legte ab. Seit den 1920er-Jahren – und bis heute.

Während man im Rest der Republik züchtig im Badekleid und am besten an getrennten Abschnitten badete, eröffnete in Kampen 1920 der erste Nacktbadestrand. Ein kleines Grüppchen frönte hier der damals unerhörten Freikörperkultur – die in den 1960er-Jahren und mit der sexuellen Revolution explodierte. Spätestens zu dieser Zeit war der Name Sylt untrennbar mit FKK verbunden, berühmtester Nacktbadestrand ist bis heute der an der Buhne 16, und es kamen Abessinien, Samoa und Sansibar hinzu. Bis heute gibt es ausgeschilderte FKK-Strandabschnitte.

Kampen: vor der Buhne 16 ein insgesamt drei Kilometer langer Nacktbadebereich

Westerland: Nordseeklinik Süd und beim Campingplatz bis zur Oase zur Sonne

Rantum: Nacktbadestrand bei den Strandbistros Samoa und Sansibar

List: Ellenbogen

Hörnum: zwei Kilometer FKK-Strand, ca. 15 Gehminuten vom Ortskern entfernt, Übergang beim Restaurant Kap-Horn

Wenningstedt: ein Kilometer Nacktbadestrand nördlich der Gemeinde

STRÄNDE

Auf Sylt gibt es den richtigen Strand für jeden – egal ob man nackt oder bekleidet baden möchte.

Die Strände vor Westerland und Wenningstedt haben die kürzesten Wege, bieten zahlreiche Gastronomie, sind aber auch dementsprechend voll.

Orientiert man sich von Westerland aus Richtung Süden, wird es an den Strandabschnitten Abessinien und Dikjen Deel, die ebenfalls über Gastronomie verfügen, schon etwas ruhiger.

Weiter südlich, bei den ebenfalls sehr gut zu erreichenden Abschnitten beim Samoa Seepferdchen und dem Sansibar ist es erneut etwas trubeliger.

Wer es einsamer möchte, der sollte sich am traumhaften Strand in Hörnum niederlassen oder am Lister Weststrand mit seinen beeindruckenden Dünen. Der Lister Oststrand hingegen ist wegen seiner sanften Brandung bei Familien beliebt.

Aber Achtung: Beachten Sie unbedingt die Badeverbote am Lister Ellenbogen und der Hörnumer Odde. Die Strömung dort ist selbst für erfahrene Schwimmer lebensgefährlich.

DAS FRIESENHAUS

Niedrig, reetgedeckt und fast ausschließlich in West-Ost-Richtung gebaut, trotzen die Friesenhäuser dem auf Sylt vorherrschenden Westwind. Traditionell befanden sich auf der westlichen Windseite die Ställe, während die geschützte Ostseite zum Wohnen diente und das Dachgeschoss als Heu- und Vorratslager. Damit sich das Regenwasser nicht im Reet staut, haben die Dächer einen sehr steilen Winkel und die meisten auch ein Walmdach über dem Eingang, damit, falls Feuer ausbricht, kein brennendes Reet auf die Bewohner fällt.

Während sich in der Döns, dem mit einem Ofen beheizten Wohnraum, das alltägliche Leben abspielte, ist der Pesel die gute Stube des Hauses, oft verziert mit kunstvollen Kacheln und nur zu besonderen Anlässen zu benutzen. Geschlafen wiederum wurde im Alkoven, der mit Luken verschlossen wurde, von Bettpfannen geheizt werden konnte und in dem häufig gleich mehrere schliefen.

Klöntür

Ein Klassiker aus früheren Jahrhunderten, der gerade in ländlichen Gebieten verbreitet war: die Klöntür, die in der Mitte zweigeteilt ist, sodass man nur den oberen Teil öffnen kann. Während man sich gemütlich herauslehnte, um mit den Nachbarn zu quatschen, zu klönen eben, blieb sie unten geschlossen und das Vieh konnte nicht entwischen.

SEGELN, SURFEN, KITEN

Im Herbst findet seit 1984 am Strand von Westerland der Windsurf Weltcup Sylt (www.windsurfworldcup.de) statt. Mehr als 200 000 Zuschauer kommen zu dem weltweit größten Wettkampf der Windsurfer, und während man sich tagsüber die spannenden Rennen anschaut, wird der Strand abends zur Partymeile.

Auch selbst kann man natürlich segeln, surfen und kiten, in allen Orten der Insel gibt es Schulen und Equipment-Verleihe. Beachten Sie, dass die Seegebiete um die Insel herum nicht einfach sind. Deshalb empfiehlt es sich, einen Kurs zu besuchen, um den Sylt-spezifischen Umgang mit Strömungen, Wind, Gezeiten, Sandbänken und Prielen kennen zu lernen.

SPAZIERGÄNGE UND WANDERUNGEN

Natürlich geht es auf Sylt immer den Strand entlang. Auf der einen Seite das tosende Meer mit seiner einzigartigen Sylter Brandung, auf der anderen die Dünen, und das auf einem so breiten, weißen Sandstrand, dass man selbst zu saisonalen Hochzeiten herrlich viel Platz hat. Hier einige der besonders schönen Spaziergänge und Wanderungen an der Nordsee und am Wattenmeer.

Rotes Kliff

Steil und beeindruckend ist der Dünenabschnitt Rotes Kliff zwischen Kampen und Wenningstedt, der beim Sonnenuntergang mitunter rot leuchtet. Das Rote Kliff ist bis zu 30 Meter hoch und eines der Wahrzeichen Sylts, das, meerumtost, gleichzeitig daran erinnert, wie Sturmfluten die Insel bedrohen und immer mehr Land abtragen.

Leuchtturm Rotes Kliff

Am Roten Kliff steht der älteste Leuchtturm der Insel, 1856 erbaut, 38 Meter hoch und aus 40 Kilometern Entfernung sichtbar. Christian, ein Name, den viele dänische Könige trugen, nennen die Einwohner das Leuchtfeuer, das von innen mittlerweile nicht mehr zu besichtigen ist. Aber auch ein Gang um den Turm herum lohnt sich. Seit 1929 wird der Turm elektrisch betrieben, was jährlich 36 Meter Lampendocht spart.

Uwe-Düne

Ein lustiger Name für eine Düne, aber benannt ist sie nach dem Sylter Freiheitskämpfer Uwe Jens Lornsen und mit 52,5 Metern der höchste Aussichtspunkt der Insel. 115 Stufen geht es hinauf, und oben erwarten einen die schönsten Ausblicke – hin bis nach Amrum, Föhr und Dänemark. Die Düne liegt ein Kilometer westlich von Kampen und etwa 300 Meter östlich vom Roten Kliff.

Kampener Vogelkoje

Einst Entenfangstation, in der von 1767 bis 1921 Wildenten durch Teiche angelockt und jährlich 25000 in Netze und Reusen getrieben wurden, ist sie heute ein Museum und Naturschutzgebiet. Es gibt dort Ausstellungen zur Kulturgeschichte, einen Naturlehrpfad und wunderbare Blicke aufs Wattenmeer.

Lister Straße 100
25999 Kampen
Tel: +49 4651 871077
www.sylter-verein.de
April: Montag – Sonntag
von 11 – 16 Uhr
Mai bis September:
Montag – Freitag von 10 – 17 Uhr,
Samstag, Sonntag und feiertags
11 – 17 Uhr
Oktober: Montag – Sonntag
von 11 – 16 Uhr

Sylter Sahara

Gerhart Hauptmann schrieb 1912 über die Wanderdünen der „Sylter Sahara" bei List, die bis zu 600 Meter breit und 35 Meter hoch sind: „Es ist hier wie auf den Gletschern eines Hochgebirges!" Da sie naturbelassen und nicht mit Strandweizen bepflanzt sind, trägt der Sand sich nach und nach ab, verschiebt die Düne jährlich um mehrere Meter und formt sie immer wieder neu.

Ellenbogen

Oberhalb von List liegt der Ellenbogen, Deutschlands nördlichster Punkt, mit seinem kilometerlangen Sandstrand, an dem man immer ein ruhiges Plätzchen findet. Gerade mal vier Kilometer ist die dänische Insel Rømø entfernt, der Sandstrand ist naturbelassen, die Meeresströmungen sind allerdings lebensgefährlich, sodass Schwimmen verboten ist. Kommt man mit dem Auto, kann man gegen eine Maut von fünf Euro über eine Privatstraße, die am Ellenbogenberg beginnt, bis zum Parkplatz nahe dem Leuchtturm List Ost fahren. Für Radfahrer und Fußgänger ist die Straßennutzung kostenlos.

Um List herum

Vom Lister Hafen aus kann man schöne Spaziergänge an der Wattseite der Insel machen, ist man mit dem Fahrrad oder Auto unterwegs, sollte man zum Weststrand fahren. Die kleine Straße, die zwischen Westerheide und List links abgeht (kommt man aus Richtung Süden), führt durch die beeindruckende Dünenlandschaft. Dort gibt es auch eine Holztreppe, die in die Dünen und bis zum Meer führt.

Hörnum-Odde

Die Wanderung an der südlichen Inselspitze ist ein Sylt-Klassiker. Vom Hafen aus rechts am Strand entlang, den rot-weißen Leuchtturm „Hauptfeuer Hörnum Odde“ im Blick und ebenso die Inseln Föhr und Amrum, wandert man im herrlich weißen Sand des ehemaligen Landeplatzes der Piraten. Mit Glück bekommt man auch Robben zu sehen und immer sehr viele Seevögel. An der Odde kann man außerdem beobachten, wie das Meer der Insel zusetzt und sie immer mehr abträgt. Eine kürzere und auch sehr schöne Variante ist der Weg zwischen den beiden Strandcafés Südkap am Oststrand und Kap-Horn am Weststrand.

Zwischen Kampen und Keitum

An schönen Häusern und durch weite Heidelandschaft geht es zwischen Kampen und Keitum am Watt entlang. Ein abwechslungsreicher Spaziergang.

Braderuper Heide

Das Naturschutzgebiet mit seinem Weißen Kliff, den Salzwiesen, Stränden und Wattenmeer ist 137 Hektar groß und liegt zwischen Kampen und Braderup. Es ist eine Kulturlandschaft, die durch Waldrodung entstand und heute durch ihre Heide beeindruckt. An die 2500 Tier- und 150 Pflanzenarten wurden hier bisher entdeckt, viele von ihnen sind vom Aussterben bedroht. Wanderungen durch Watt-, Strand- und Heidelandschaft, Fahrradtouren und Vorträge gibt es im Naturzentrum Braderup.

M.-T.-Buchholz-Stich 10a,
25996 Wenningstedt/Braderup
Tel: +49 4651 44421
www.naturschutz-sylt.de
Anfang April – Ende Oktober

WATTWANDERUNGEN UND ORNITHOLOGISCHE TOUREN

Das Wattenmeer ist eine bis zu 13 Kilometer breite Schlick- und Sandfläche, die im Rhythmus der Gezeiten immer wieder unter Wasser steht und ein einzigartiger Naturraum ist. Dort leben mehr Tiere als im Urwald. Da das Wasser sehr schnell steigen kann, sollte man ihn auf jeden Fall in Begleitung eines Wattführers erkunden.

Schutzstation Wattenmeer Hörnum

Der Verein unterhält drei Stationen und macht fachkundige Wanderungen in die Dünen und das Watt, meeresbiologische Kutterfahrten mit Seetierfang, vogelkundliche Exkursionen, Fahrten zu den Seehundbänken und Nachtwanderungen.

www.schutzstation-wattenmeer.de
April – Oktober: Täglich 10.00 – 12.00 Uhr und 15.00 – 18.00 Uhr

Schöpfwerk Keitum
Der Außenposten der Schutzstation Wattenmeer liegt südlich von Keitum direkt am Deich und bietet tolle Wattwanderungen und vogelkundliche Führungen auf die vorgelagerten Sandinseln.

Koogstraße
25980 Keitum
Tel: +49 151 54865217
www.schutzstation-wattenmeer.de

Naturschutz Sylt
Die Naturschutzgemeinschaft, die ehrenamtlich arbeitet, hat Watt-, Strand- und naturkundliche Touren im Programm. Zweimal wöchentlich geht es in den Nationalpark Wattenmeer, es gibt geologische Touren zum Morsum-Kliff und Wanderungen durch Watt und Braderuper Heide.

M.-T.-Buchholz-Stich 10a,
25996 Wenningstedt/Braderup
Tel: +49 4651 44421
www.naturschutz-sylt.de
Anfang April – Ende Oktober

Mit dem Fahrrad
Sylt hat mehr als 200 Kilometer Fahrradwege. Die schönste Tour führt auf der Trasse der ehemaligen Inselbahn von List bis Hörnum durch die Dünenlandschaft.

FILMTIPP

„Der Ghostwriter“ (2010)
Regie: Roman Polanski

2009 hielten Dreharbeiten Sylt mehrere Wochen in Atem. Roman Polanski war mit seinem Filmteam angereist, um mit Ewan McGregor, Kim Cattrall und anderen Stars am Lister Ellenbogen und Umgebung zu drehen. Leider musste die Insel selbst auch in eine Rolle schlüpfen: in die von Martha's Vineyard an der amerikanischen Ostküste, da Polanski nicht mehr in die USA einreisen darf. Dennoch ist das nordfriesische Pendant – trotz amerikanischer Straßenschilder – in der Geschichte um einen Auftragsschreiber, der bei den Recherchen für die Biografie eines britischen Premiers in Lebensgefahr gerät, gut zu erkennen.

BUCHTIPPS

„Ein Sylt-Krimi“ von Gisa Pauly

Seit 2007 lässt die Journalistin, Drehbuchautorin und Schriftstellerin die patente und äußerst neugierige Mamma Carlotta auf Sylt ermitteln. Begonnen hat alles mit „Die Tote im Watt“, als die italienische Miss Marple dem Mord einer vermögenden Witwe nachging – sehr zum Leidwesen ihres Schwiegersohns Erik, einem norddeutschen Kriminalhauptkommissar. Sieben Mamma-Carlotta-Krimis sind bisher erschienen, die über die ganze Insel führen – und dabei prall gefüllt sind mit Humor, norddeutscher Lakonie und italienischem Esprit.

„Mein Sylt“ von Fritz J. Raddatz

Der ehemalige Feuilletonchef der „Zeit“ und Sylt-Liebhaber Fritz J. Raddatz schreibt über die Schönheit von Dünenspaziergängen, den aufgerissenen Himmel und wie die Insel auf einzigartige Weise den Kopf frei macht. Dabei führt er an Orte, die abseits der Touristenpfade liegen, erinnert sich an Insel-Begegnungen mit Rudolf Augstein, Hubert Fichte, dem legendären Barkeeper Karlchen und taucht in die Geschichte der Insel ein.

DO SOMETHING YOU HAVE NEVER DONE BEFORE

Saunen am Strand

So einen Blick hat man sonst nicht. In den Strandsaunen, von denen es gleich fünf entlang der Sylter Nordseeküste gibt, schaut man über den Strand bis hin aufs Meer. Und dorthin geht es zum Abkühlen. Statt in ein ordinäres Tauchbecken läuft man über den Strand hinein in die legendäre Brandung, spürt Meersalz statt Chlor auf der Haut – und kann sich anschließend in den Sand fallen lassen. Die schönste Strandsauna ist die in List. Ein kurzer Fußweg führt durch ein Dünental und in die Senke, in der sie liegt – inmitten von unberührter Natur. Drei finnische Blocksaunen mit unterschiedlichen Temperaturen gibt es dort – und das ultimative Naturerlebnis!

Strandsauna Listland
Weststrandstraße 333A, 25992 List
Tel: +49 4651 877174
www.strandsauna-list-auf-sylt.de

Die Sauna ist von Anfang April bis Ende Oktober täglich ab 11.00 Uhr geöffnet. Es werden Handtücher und Bademäntel vermietet. Dazu gibt es Getränke und eine kleine Speisekarte.

WICHTIGE INFORMATIONEN

Tourist Office

In der Alten Post in Westerland können nahezu alle Sylter Veranstaltungen gebucht und Tickets gekauft werden.

Stephanstraße 6, 25980 Westerland
Tel: +49 4651 8358524
www.fvv-westerland.de

Anreise

Mit dem Auto bringt einen der Sylt-Shuttle über den Hindenburgdamm auf die Insel. 35 Minuten dauert die Fahrt des Autozuges, die idyllisch durch Salzwiesen und das Watt nach Westerland führt. In der Hauptsaison kann es zu Wartezeiten kommen.

Mit der Rømø-Sylt-Linie kann man von der dänischen Insel übers Wasser nach List anreisen. 40 Minuten dauert die Fahrt mit der Fähre. Sie ist neben dem Sylt Shuttle die einzige Möglichkeit, mit seinem Auto anzureisen.

Verschiedene Fluglinien landen auf dem Inselflughafen in Tinnum. Gute Verbindungen gibt es vor allem in der Hauptsaison.

Rent a Bike

Am besten bewegt man sich auf Sylt mit dem Fahrrad fort. Es gibt mehr als 200 Kilometer Radwege, die meist abseits der Straßen liegen, kaum Steigungen, einzig der Wind zwingt einen, manchmal kräftig in die Pedale zu treten. Problemlos kann man das Fahrrad im Bus mitnehmen.

Direkt an der Ausfahrt vom Autozug finden Sie Sylt Bike, die Fahrräder und E-Bikes an jede Adresse liefern – und abholen.

Tel: +49 4651 4463103
www.sylt-bike.de

Ferienhäuser

Sehr schön ist es auch, sich ein Friesenhaus zu mieten.

Das Samoa Seepferdchen vermietet drei reetgedeckte Ferienhäuser direkt in den Dünen.

Eine große Auswahl gibt es unter www.kampeninfo.de

MEIN PERFEKTES WOCHENENDE

Freitag:

Samstag:

Sonntag:

NOTIZEN